KONSTANZER UNIVERSITÄTSREDEN
HERAUSGEGEBEN VON GERHARD HESS
39

RUDOLF COHEN

ZUM BEGRIFF DER ANGST IN DER DIFFERENTIELLEN PSYCHOLOGIE

RUDOLF COHEN

ZUM BEGRIFF DER ANGST IN DER DIFFERENTIELLEN PSYCHOLOGIE

1971

Im Verlag der
Druckerei und Verlagsanstalt Konstanz
UNIVERSITÄTSVERLAG GMBH

ISBN 3 87940 035 0

Gesamtherstellung: Druckerei und Verlagsanstalt Konstanz
Universitäts-Druckerei GmbH Konstanz Am Fischmarkt

Kein psychologischer Begriff gewann in den letzten Jahrzehnten solche Popularität, kaum einer wurde mit so vielen Untersuchungen bedacht wie der der Angst. Zwischen 1960 und 1963 wurden unter dem Stichwort ›anxiety‹ in den »Psychological Abstracts« rund zehnmal so viele Arbeiten aufgeführt wie in einem entsprechenden Zeitraum dreißig Jahre zuvor, was einem prozentualen Anstieg – bezogen auf die Gesamtzahl der besprochenen Arbeiten – um das achtfache entspricht. Dieser modische Kursaufschwung blieb weitgehend dem Begriff ›Angst‹ vorbehalten; die inhaltlich so verwandten Begriffe ›fear‹ und ›phobia‹ nahmen daran kaum teil (Abbildung 1). Der Zuwachs ist fast doppelt so steil wie bei den Stichworten ›memory‹ und ›factor-analysis‹, die zu Kriegsende eine ähnliche Ausgangsrate hatten. 3500 unterschiedliche Eintragungen

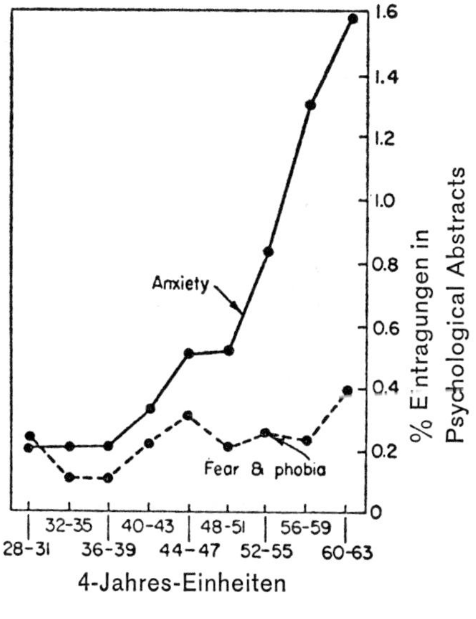

Abbildung 1 Prozentualer Anteil von Eintragungen unter den Stichworten ›anxiety‹ beziehungsweise ›fear‹ und ›phobia‹ in den »Psychological Abstracts« von 1928 bis 1963 (aus Spielberger, Ch. D., *Theory and research on anxiety*, in: Ch. D. Spielberger [ed.], Anxiety and Behavior, New York [Academic Press] 1966, p. 6, fig. 1 r.)

fand *Spielberger* (1966) unter dem Stichwort ›anxiety‹ allein für die Zeit von 1950 bis 1963 in den »Psychological Abstracts«, im »Index Medicus« und in den »Excerpta Medica«, wobei die philosophischen, soziologischen und populärwissenschaftlichen Publikationen weitgehend ausgeschlossen sind.
Mit dieser Popularität erhielt allerdings der Begriff ›Angst‹, dem Männer wie *Kierkegaard* und *Freud* noch ihre ganze Liebe gewidmet hatten, für manche distinguierten Fachkollegen etwas so Hurenhaft-Anrüchiges, daß sie ihn – zumindest in der wissenschaftlichen Öffentlichkeit – heute zu vermeiden trachten und, etwa im Anschluß an *Cattell,* lieber von Q–II und U.I.–24 oder im Anschluß an lerntheoretische Arbeiten von C.A.R. (conditioned avoidance response) sprechen. Aber auch wenn der Begriff heute nicht mehr ganz koscher ist, auch wenn er immer wieder als Abrakadabra soziologischer und existentialistischer Analysen verwendet wird, so hat er doch eine Reihe maßgebender Arbeiten stimuliert, die es angebracht erscheinen lassen – zumindest was die Differentielle Psychologie anbelangt –, in vieler Hinsicht umzudenken.

Was versteht man nun im allgemeinen unter ›Angst‹? Läßt man den Begriff bipolar angeordneten Adjektiven zuordnen, so findet man die engsten Beziehungen (vergleiche Abbildungen 2a und b) zu den Worten ›gespannt‹, ›krank‹, ›häßlich‹, ›passiv‹, ›traurig‹, ›feige‹ und ›schlecht‹. ›Angst‹ erscheint damit als Gegenteil von fast allem, was schön ist, ›Freude‹ und ›Genuß‹ bereitet wie ›weiblich‹ und ›Liebe‹. Diese Lokalisation im semantischen Raum konnotativer Assoziationen (vergleiche *Hofstätter,* 1966) entspricht der Erfahrung, daß so wie Tiere nicht fressen, schlafen oder sich paaren können, wenn sie einen Feind in der Nähe wissen, auch beim Menschen die Angst als mehr oder weniger diffuses Gefühl der Bedrohung den Appetit hemmen, den Schlaf verderben und die Liebesfähigkeit stören kann. In experimentell exakter Weise wurde diese Inkompatibilität von Angst und Genuß im Anschluß an *Estes*

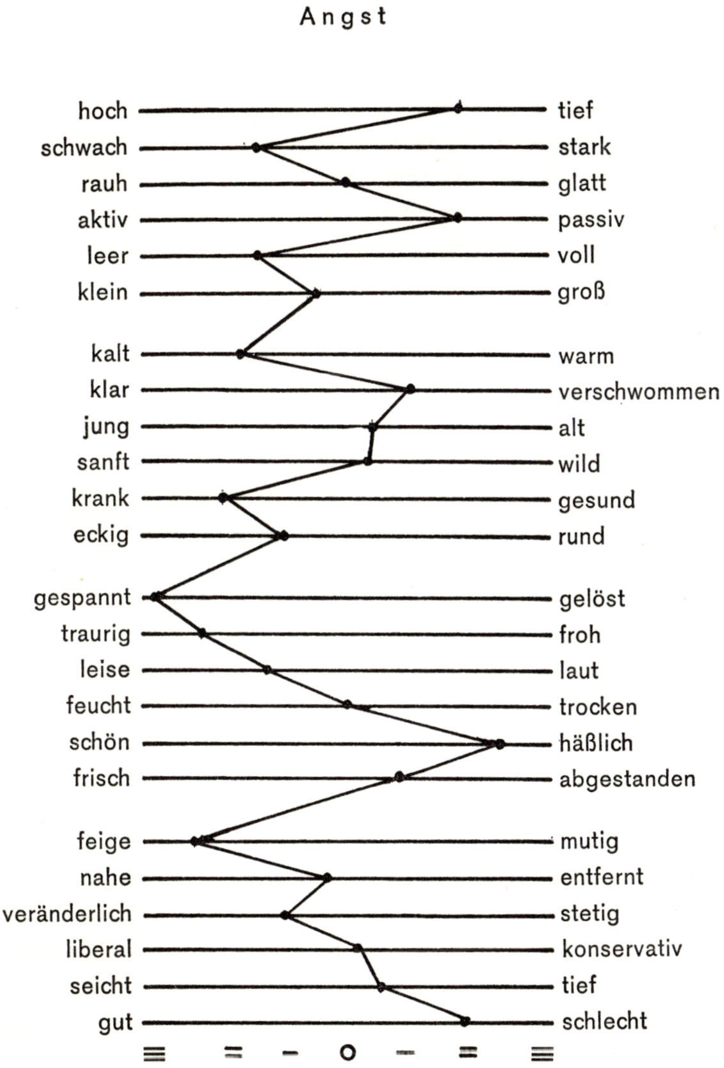

Abbildung 2 a Polaritätsprofil ›Angst‹: Durchschnittliche Beurteilungen des Begriffes auf den bipolar bezeichneten Skalen (nach Hofstätter, P. R.; persönliche Mitteilung 1970)

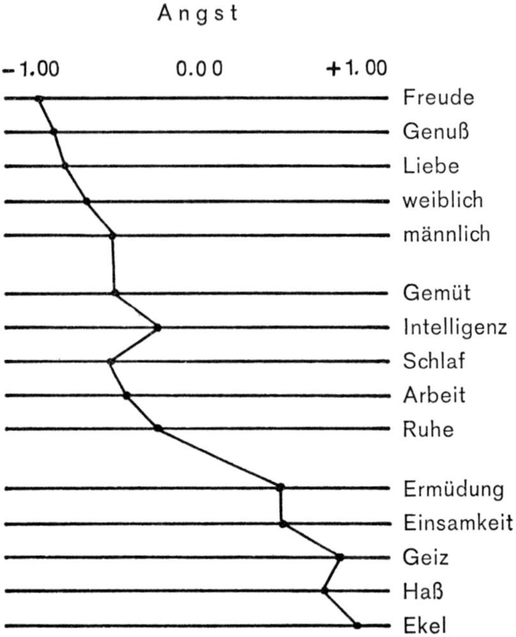

Abbildung 2 b Affinitätsprofil ›Angst‹: Q-Korrelationen des Polaritätsprofils zum Begriff ›Angst‹ mit den Polaritätsprofilen zu den angegebenen Begriffen (nach HOFSTÄTTER, P. R.; persönliche Mitteilung 1970)

und *Skinner* (1941) vor allem in zahlreichen lernpsychologischen Untersuchungen zur ›conditioned suppression‹ aufgewiesen, in denen Tiere auf Futter, Wasser und andere positive Reize nicht eingingen, sobald ihnen etwa ein Ton dargeboten wurde, der früher einmal Warnsignal für elektrische Schläge war (vergleiche *Brady*, 1962).

Die meisten Definitionen für ›Angst‹ gehen von dem Gefühl der Bedrohung aus (vergleiche *Lazarus*, 1966). Analog zur deutschen Notstandsgesetzgebung wird dabei gemeinhin zwischen einer Bedrohung von außen – man spricht dann gerne von ›Furcht‹ – und einem ›inneren Spannungsfall‹ unterschieden, der hier wie dort, wenn man von Naturkatastrophen respektive Herzattacken absieht, zumeist nur post hoc anhand der Reaktionen bestimmt werden kann, die ihm folgen. Gibt es aber Reaktionen, anhand derer man zuverlässig und objektiv ablesen kann, ob wirklich ein ›innerer Spannungsfall‹ die Reaktionen bestimmte und nicht etwa Aggressivität oder das Bedürfnis, die eigene Macht zu bekunden? Mit dem Tatbestand, daß es solche eindeutigen Indikatoren für Angst allem Anschein nach nicht gibt, wird sich der größte Teil der weiteren Ausführungen befassen.

Phänomenal völlig verschiedene Reaktionen – man denke etwa an all die Variationsmöglichkeiten zwischen Stupor und panischer Agitation – können auf dasselbe, auf Angst, die gleichen Reaktionen auf völlig verschiedene Ursachen zurückzuführen sein. Bestenfalls aus dem Kontext wird es möglich, den wirklichen Sachverhalt zu diagnostizieren; aber nicht selten läßt auch der Kontext verschiedene Interpretationsmöglichkeiten zu. Kein Wunder, daß die Übereinstimmung verschiedener Beurteiler über das Ausmaß der Angst verschiedener Personen zumeist nur recht gering ist (vergleiche *Cattell and Scheier*, 1961), wenn man von lebensbedrohlichen Situationen oder bestimmten psychotischen Episoden absieht.

In der Differentiellen Psychologie ist man nun aber nicht so sehr an Erlebnissen in Extrem-Situationen interessiert als vielmehr an jenen mehr oder weniger stabilen Unterschieden zwischen Personen, die man meint, wenn man etwa sagt, der eine sei ängstlicher als ein anderer. Im Anschluß an *Cattell* ist es üblich geworden, hier zwischen ›state‹- und ›trait‹-Angst, zwischen Angst als einem vorübergehenden Zustand und Angst als Persönlichkeitseigenschaft, das heißt einer überdauernden Reaktionsbereitschaft, zu unterscheiden. Nach *Spielberger* (1966) impliziert dabei die Rede von ›trait‹-Angst, von Angst als Eigenschaft, jedoch nicht, verschiedene Menschen erlebten kontinuierlich verschiedene Intensitäten von Angst, sondern nur, sie würden auf bestimmte Situationen unterschiedlich leicht oder unterschiedlich intensiv mit ›state‹-Angst reagieren.

Fasziniert von den Erfolgen ihrer Kollegen bei der Quantifizierung von ›Intelligenz‹ machten sich Hunderte von Psychologen daran, auch die Angst als Persönlichkeitsvariable test-psychologisch einzufangen. In diesem Bemühen ließen sie sich auch kaum beirren, als nachgewiesen wurde, daß es sich bei der Angst ähnlich wie bei der Intelligenz keineswegs um eine in sich einheitliche Variable handelt, sondern um ein vieldimensionales Phänomen, bei dem die einzelnen Aspekte völlig unabhängig variieren können. *McReynolds* (1968) referiert allein 88 solcher in den USA publizierten Prüfverfahren. Viele von ihnen erweisen sich als methodisch gut durchgearbeitet, als zuverlässig und objektiv. Prüfen sie aber Angst?

Bevor auf diese differential-psychologischen Bemühungen näher eingegangen wird, seien kurz zwei allgemein-psychologische Forschungsergebnisse herausgestellt, die als Hintergrund für die weiteren Erwägungen dienen sollen.

1. Jeder beliebige Reiz, der mit angst- oder schmerzauslösenden Ereignissen gekoppelt wurde, kann selbst angstauslösende Wirkung erlangen. Wie *N. Miller* bereits 1948 eindrucksvoll demonstrierte, können solche konditionierten Angst-Reaktionen auch zum Erwerb neuer Verhaltensweisen führen, die eine Vermeidung oder Reduktion der Angst bewirken. Im Laufe der Zeit können diese sekundär erworbenen Vermeidungsreaktionen so vollständig von den bedingten, an sich unschädlichen Reizen abhängig werden, daß sie nicht einmal mehr des ursprünglich auslösenden Affektes bedürfen und oft mit erstaunlicher Hartnäckigkeit persistieren, ohne daß auch nur ein einziges Mal noch die Erfahrung gemacht würde, daß sie zur Vermeidung von Gefahren erforderlich sind – zumal man sich in der Regel nicht freiwillig in bedrohlich erscheinende Situationen begibt, nur um zu überprüfen, ob sie tatsächlich bedrohlich sind. Was unmittelbarer Ausdruck von Angst ist, kann somit im nachhinein von früher

einmal wirkungsvollen Maßnahmen gerade zur Vermeidung von Angst kaum unterschieden werden.

2. Je nach den Umständen kann Angst die Qualität einer Leistung sowohl fördern als auch beeinträchtigen. Gehört die ›richtige‹ Reaktion zu den wahrscheinlicheren im Verhaltensrepertoire eines Organismus – etwa Augenblinzeln bei einem Luftstoß –, so wird sie unter Angst noch wahrscheinlicher, gehört sie zu den selteneren – originelle Antworten auf schablonenhafte Prüfungsfragen –, so wird sie noch unwahrscheinlicher. Verhaltensweisen mittlerer Wahrscheinlichkeit folgen im wesentlichen der umgekehrt U-förmigen Funktion des *Yerkes-Dodson*-Gesetzes: Die Leistung ist bei mittleren Aktivationsgraden am besten, bei niedrigen und hohen aber schlechter. Inwieweit diese Regeln noch gewisser Modifikationen bedürfen in Abhängigkeit von dem Schwierigkeitsgrad der Aufgaben und dem Ich-Engagement des Probanden, ist noch Gegenstand lebhafter Kontroversen (vergleiche *Eysenck*, 1964; *Spence and Spence*, 1966).

Beide Ergebnisse legen bereits die Erwartung nahe, daß es keine Verhaltensweisen gibt, die in jedem Fall – unabhängig von der jeweiligen Situation und den Erfahrungen des Organismus mit diesen Situationen – eindeutig für oder gegen das Vorhandensein von Angst sprechen.

Wenden wir uns nun den differential-psychologischen Bemühungen zur Erfassung von Angst zu. Wenn man von den Rating-Skalen absieht, auf denen außenstehende Beobachter ihren Eindruck vom Angst-Niveau eines bestimmten Probanden fixieren, handelt es sich dabei im wesentlichen einerseits um Fragebogen, andererseits um physiologische Meßverfahren (vergleiche *McReynolds*, 1968; *Cattell and Scheier*, 1961).

Allen Fragebogen zur Erfassung von Angst oder Neurotizismus – sie korrelieren so hoch miteinander, daß sich hier eine Unterscheidung erübrigt – ist gemein, daß die Probanden aufgefordert werden anzugeben, welche aus einer Liste von Symptomen wie Herzklopfen, Erröten, Konzentrations-, Verdauungs- oder Schlafstörungen sie haben beziehungsweise in welchen der angegebenen Situationen sie sich unwohl fühlen. Die Summe der angegebenen Symptome und Situationen dient dann als Kennwert für die Angstbereitschaft beziehungsweise den Neurotizismus der betreffenden Person. Alle diese Fragebogen differenzieren in der Regel gut zwischen neurotischen Patienten und gesunden Kontrollpersonen, innerhalb einer jeden dieser Gruppen aber zumeist nur recht schlecht.

Drei Umstände dürften hierfür im wesentlichen verantwortlich sein:

1. In den meisten Fragebogen wird Intensität und Häufigkeit des Auftretens von Angst hoffnungslos vermischt, obwohl es ohne Zweifel etwas völlig anderes ist, ob ein Mensch in vielen Situationen leichte Angst empfindet oder aber in wenigen, genau definierbaren Situationen ausgesprochen panisch reagiert (vergleiche *Cohen, Rey und Sixtl*, 1969).
2. Nach zahlreichen Faktorenanalysen muß angenommen werden, daß der erste Faktor und damit der Gesamtskore solcher Fragebogen bestenfalls etwa fünfzig Prozent der Antwortvarianz erfassen kann (vergleiche *Cattell and Scheier*, 1961; *Pawlik*, 1968). Meist lassen sich mindestens vier gut interpretierbare, voneinander unabhängige Faktoren, das heißt voneinander unabhängige Aspekte des erfragten Phänomens ›Angst‹, extrahieren, wie ›allgemein erhöhter Spannungszustand‹, ›Neigung zu Schuldgefühlen‹, ›geringes Vertrauen in die eigene Selbstkontrolle‹ oder ›vegetative Labilität‹.
3. Wie *Endler and Hunt* (1966, 1968) eindrucksvoll bewiesen, muß man damit rechnen, daß Unterschiede zwischen Situationen weit stärker die Verhaltensvarianz bestimmen als Unterschiede zwischen Individuen. Beide Varianzquellen haben aber nur wesentlich geringere Bedeutung als die einfachen Interaktionen zwischen Situationen und Individuen, zwischen Situationen und

spezifischen Reaktionsformen sowie zwischen Individuen und spezifischen Reaktionsformen, wobei eine jede dieser Interaktionen etwa zehn Prozent der Gesamtvarianz determiniert.

Angesichts dieser hohen Situations- und Reaktionsspezifität der meisten Angstäußerungen kann es kaum mehr verwundern, wenn Fragebogen bestenfalls in den Extrembereichen annähernd dasselbe erfassen: denn je extremer der Gesamtskore, um so höher die Wahrscheinlichkeit, daß dieselben Fragen bejaht beziehungsweise verneint wurden. Je näher – umgekehrt ausgedrückt – zum Mittelwert der Verteilung die Kennwerte liegen, um so unterschiedlicher können die jeweils bejahten beziehungsweise verneinten Fragen sein, um so weniger Grund besteht denn auch für die Annahme, die Skores erfaßten dasselbe. Was sie ausdrücken, kann mindestens so unterschiedlich sein wie die Art, auf die sie zustande kamen.

Was erfassen nun aber die Fragebogen in den Extrembereichen? Allem Anschein nach müssen hohe Skores keineswegs immer für eine erhöhte Angstbereitschaft sprechen, sondern können genauso gut bestimmte soziale oder kognitive Einstellungen bekunden, die gegebenenfalls sogar gerade dafür prädestiniert sind, etwaigen Angsterlebnissen vorzubauen:

Wie *Edwards* (1962, 1970) und andere inzwischen häufig gezeigt haben, korreliert die Wahrscheinlichkeit der Bejahung von Angstfragen in der Regel über r=.80 mit Einschätzungen der Antworten nach dem Grade sozialer Erwünschtheit. Wer viele Angstsymptome angibt und bekundet, daß er sich in vielen Situationen unwohl fühlt, appelliert in hohem Maße an die hilfreiche Zuwendung seiner Mitmenschen. Er stellt sich als unaggressiver Mensch mit vielen Schwächen dar. Ähnlich den Demutsgebärden bei Tieren – etwa dem Darbieten des Hinterkopfes bei Dohlen – dürfte eine solche Haltung geeignet sein, mögliche Aggressionen des Artgenossen zu hemmen und, je nach dem Partner, vielleicht auch noch therapeutisches Engagement herauszufordern. Ohne Zweifel gibt es be-

trächtliche individuelle Unterschiede, inwieweit man in diesen Mechanismus vertraut, wie gut man ihn beherrscht und inwieweit man ihn in der jeweiligen Situation einzusetzen geneigt ist.
Hohe Angstbereitschaft läßt sich mit Hilfe von Fragebogen aber nicht nur schlecht von solchen Demutshaltungen unterscheiden, sie läßt sich auch kaum von jener Haltung trennen, die *Byrne* ›sensitization‹ nennt. *Byrne* (1964, 1966) entwickelte einen Fragebogen, der entgegen der Absicht des Autors außerordentlich hoch mit allen Angstskalen korreliert (*Golin* et al., 1967), obwohl er eigentlich nur Unterschiede in der Art erfassen sollte, wie verschiedene Menschen mit möglicherweise bedrohlichen Situationen umgehen. Personen mit hohen Skores in diesem Fragebogen haben niedrige Erkennungsschwellen für tabuiertes Reizmaterial, berichten mehr unangenehme als angenehme Erinnerungen, beweisen ein allgemein hohes Interesse für psychische Konflikte und erklären offen, daß ihr Verhalten keineswegs immer mit ihren Normvorstellungen oder auch Wünschen in Übereinstimmung steht. Im Gegensatz zu diesen ›sensitizers‹ tendieren Personen mit niedrigen Skores in dem Fragebogen – *Byrne* spricht hier von ›repressors‹ – dazu, alle Arten von Konflikten, unangenehmen Erlebnissen oder kognitiven Diskrepanzen zu verleugnen, zu vergessen oder zu verdrängen. Interessanterweise ist die Tendenz zur ›Sensitization‹ vermehrt in den höheren Einkommensschichten anzutreffen, was vielleicht der Erfahrung entspricht, daß Personen der unteren Einkommensschichten häufiger über spezifische körperliche Symptome wie plötzliches Herzklopfen und Schwitzen als über das Gefühl der Angst klagen, ja, eine solche Interpretation oft resolut ablehnen, da sie doch nichts zu befürchten hätten.
Auch bezüglich der ›Sensitization‹ liegt meines Erachtens eine Parallele zum tierischen Verhalten recht nahe. Entspricht sie nicht in vieler Hinsicht jenem unruhigen ›Sichern‹, das wir vor allem bei den führenden und stärksten Tieren einer Gruppe – etwa bei Hengsten und Pavian-Männchen – sowie bei Muttertieren mit Jungen

finden? Die erhöhte Wachsamkeit ist hier offenbar weitgehend eine Funktion der Verantwortung und der Erfahrung. In diesem Zusammenhang ließen sich auch einige Arbeiten von *Epstein* (1967, vergleiche Abbildung 3) sehen: Während unerfahrene Fallschirm-

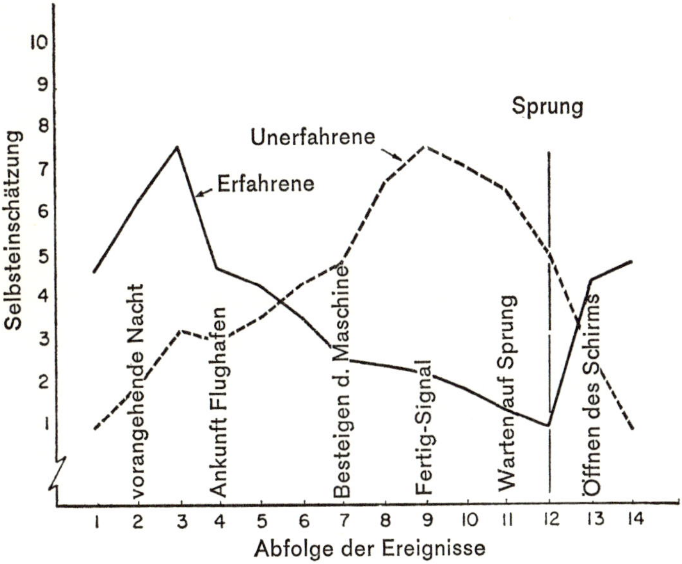

Abbildung 3 Mittlere Rangplätze der Selbsteinschätzung von Angst- und Vermeidungsreaktionen bei erfahrenen und unerfahrenen Fallschirmspringern (aus Fenz, W. D. and Epstein, S., *Gradients of physiological arousal of experienced and novice parachutists as a function of an approaching jump*, in: Psychosomatic Medicine, 1967, 29, Fig. 1)

springer ihre größte Angst beim ›Fertig zum Sprung‹-Signal haben, geben erfahrene Springer an, die größte Unruhe gleich am Morgen vor dem Sprung zu erleben, wo sie die Wetterlage und ihre körperliche Kondition noch einmal überprüfen. In zeitlich geraffter Form findet sich dasselbe Phänomen auch in den physiologischen Reaktionen (vergl. Abbildungen 4a und b): Mit zunehmender Erfahrung schwindet nicht nur die exzessive Erregung in den kritischen

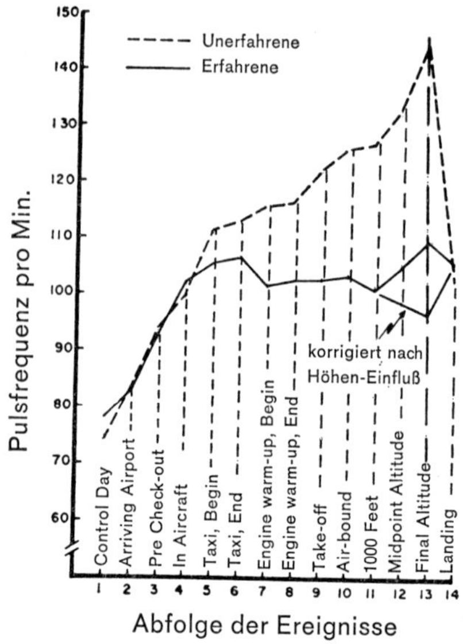

Abbildung 4 a Mittlere Pulsfrequenz bei erfahrenen und unerfahrenen Fallschirmspringern (aus Fenz, W. D., and Epstein, S., *Gradients of physiological arousal of experienced and novice parachutists as a function of an approaching jump*, in: Psychosomatic Medicine, 1967, 29, Fig. 3)

Augenblicken des Sprungs, sondern das Maximum der Anspannung und Wachsamkeit verlagert sich auf andere, zeitlich vorgeordnete Signale. Im Moment der größten Gefahr, während des Sprungs, sind hingegen die Angstreaktionen gehemmt, sowohl was das subjektive Erleben als auch was Pulsfrequenz, Atmung und psychogalvanischen Hautreflex anbelangt (*Fenz and Epstein*, 1967). Damit sind wir bereits übergegangen zur Erörterung der psychophysiologischen Indikatoren für Angst.

Ist das Problem bei den verbalen Verfahren – Fragebogen wie projektiven Tests –, Äußerungen einer habituell erhöhten Angstbereitschaft von anderen, mehr sozialen und kognitiven Einstellungen zu

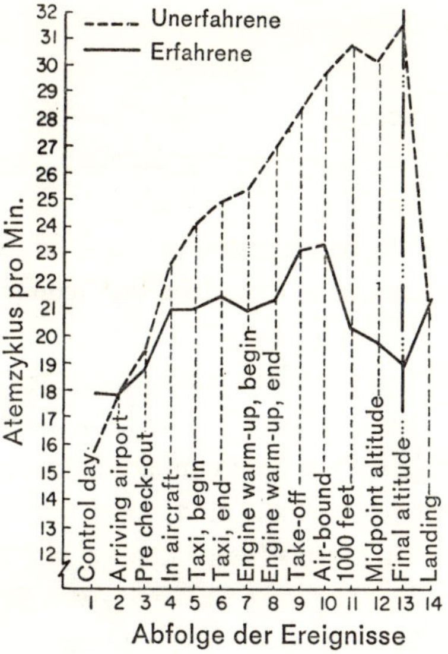

Abbildung 4 b Mittlere Atemfrequenz bei erfahrenen und unerfahrenen Fallschirmspringern (aus FENZ, W. D., and EPSTEIN, S., *Gradients of physiological arousal of experienced and novice parachutists as a function of an approaching jump*, in: Psychosomatic Medicine, 1967, 29, Fig. 4)

unterscheiden, so ist das Problem bei den psycho-physiologischen Verfahren vor allem, Äußerungen der Angst von anderen Zuständen affektiver Erregung zu diskriminieren. Dieses Problem aber erweist sich als mindestens ebenso schwer zu meistern wie das erstere. Die Lage ist vor allem dadurch noch beträchtlich erschwert, daß (1) die meisten physiologischen Funktionen in Abhängigkeit von den jeweiligen äußeren Reizgegebenheiten starke Fluktuationen aufweisen und (2) eine Vielzahl gegenregulatorischer Mechanismen dafür sorgt, daß im Biologischen – anders als im Ökonomischen – mit der Höhe der Ausgangswerte die Möglichkeit eines weiteren Anwachsens zunehmend beschränkt wird (vergleiche *Wilder*, 1968). Die Folge ist, daß wiederholte Messungen bei physiologischen Variablen nur in den seltensten Fällen Reliabilitätskoeffizienten über r=.35 erbringen (vergleiche *Fahrenberg*, 1968), was sie für differential-diagnostische Zwecke untauglich macht. Eine Ausnahme stellt allein die Speichelabsonderung dar; sie steigt nicht nur mit dem Appetit, sondern Angst macht auch den Mund trocken – man denke an das Wasserglas an Rednerpulten –, so daß man sie auch wiederholt für Verlaufuntersuchungen bei Depressiven verwendet hat (vergleiche *Palmai* et al., 1967).

Die einzigen Indikatoren, die mehrfach psychiatrische Patienten mit erhöhter Angstbereitschaft von gesunden Kontrollpersonen unterschieden, sind vermehrte Spontanfluktuationen des Hautwiderstandes (vergleiche *Lader* et al., 1967; *Marks*, 1969), eine stärkere Durchblutung des Unterarms (vergleiche *Kelly and Walter*, 1968), eine leichtere Konditionierbarkeit bei aversiven Reizen (vergleiche *Lovibond*, 1964; *Eysenck*, 1962, 1965; *Spence*, 1964) sowie eine vermehrte Ausscheidung von Hippursäure (*Grinker*, 1966) nach Injektion einer durch die Leber abzubauenden Substanz – was gleichsam als hypertrophierte Entgiftungsfunktion des Organismus zu interpretieren wäre. Aber auch bezüglich all dieser Maße sind die Unterschiede zwischen den pathologischen und normalen Gruppen in der Regel nur so gering, daß sie für individual-diagnostische Zwecke nicht verwendet werden können.

Weitaus ergiebiger als diese Bemühungen, zeitlich stabile interindividuelle Unterschiede psycho-physiologisch zu erfassen, waren die Untersuchungen über akute Angstzustände. Wie unzählige Arbeiten inzwischen gezeigt haben, führen alle Streß-Situationen – ob Zahnarzt, bevorstehende Operation, kaltes Wasser, elektrische Schläge oder schwierige Testaufgaben – in der Regel zu einer Erhöhung des Blutdrucks, der Puls- und Atmungsfrequenz, der Leitfähigkeit der Haut, der Schweißabsonderung und der Muskelspannung. Diese Veränderungen entsprechen einer allgemeinen sympathikomimetischen Reaktion mit – wie durch biochemische Untersuchungen wiederholt untermauert – erhöhter Ausscheidung der

meisten bekannten Nebennieren- und Nebennierenrinden-Hormone.
Verglichen mit den Gemeinsamkeiten der physiologischen Veränderungen unter verschiedenen Reizsituationen sind die Unterschiede zwischen verschiedenen Emotionen außerordentlich gering. Nur in zweierlei Hinsicht ließen sich bisher deutlichere Unterschiede nachweisen: (1) Nach *Lacey* (1967) führen Erregungszustände, in denen sich der Organismus mit besonderer Aufmerksamkeit der Umwelt zuwendet, zunächst nicht zu der sonst üblichen Blutdrucksteigerung und Erhöhung der Pulsfrequenz, sondern häufig sogar zu einer vorübergehenden Verlangsamung der Pulsfrequenz. (2) *Ax* (1953), *Schachter* (1957) und *Funkenstein* et al. (1957) konnten aufweisen, daß Angsterlebnisse primär zu einer erhöhten Adrenalin-Ausscheidung führen, während Wut- und Schmerzreaktionen darüber hinaus auch zu einer wesentlich gesteigerten Noradrenalin-Absonderung führen; ein Ergebnis, das insofern theoretisch bedeutsam erscheint, als manche Lerntheoretiker Angstzustände gern auf Schmerzerlebnisse zurückführen wollten (vergleiche *Campbell* et al., 1964). Trotz dieser Befunde wäre es aber weit gefehlt, nun die Adrenalin-Ausschüttung generell als Indikator für Angst verwenden zu wollen: *Levi* (1967, 1969, vergleiche Abbildungen 5a und b) überprüfte vor, während und nach der Darbietung verschiedener Filme die Katecholamin-Ausscheidung im Urin; bei angsterregenden Kriminalfilmen stieg zwar erwartungsgemäß die Adrenalin-Ausscheidung – und zwar durchschnittlich um siebzig Prozent, während die Noradrenalin-Ausscheidung überaus große individuelle Unterschiede zeigte –, sie unterschied sich aber nicht wesentlich von der Adrenalin-Ausscheidung bei dem lustigen Film »Charley's Tante«. Nur bei einem Film mit idyllischen Landschaftsaufnahmen war der Adrenalin-Spiegel deutlich gesenkt. Analoge Befunde berichten *Handlon* et al. (1962) für die 17-Hydroxycorticosteroide im Plasma. Auch sexuelle Erregung läßt sich psychophysiologisch kaum von Angst-, Wut- oder Schmerzreaktionen

Abbildung 5 a

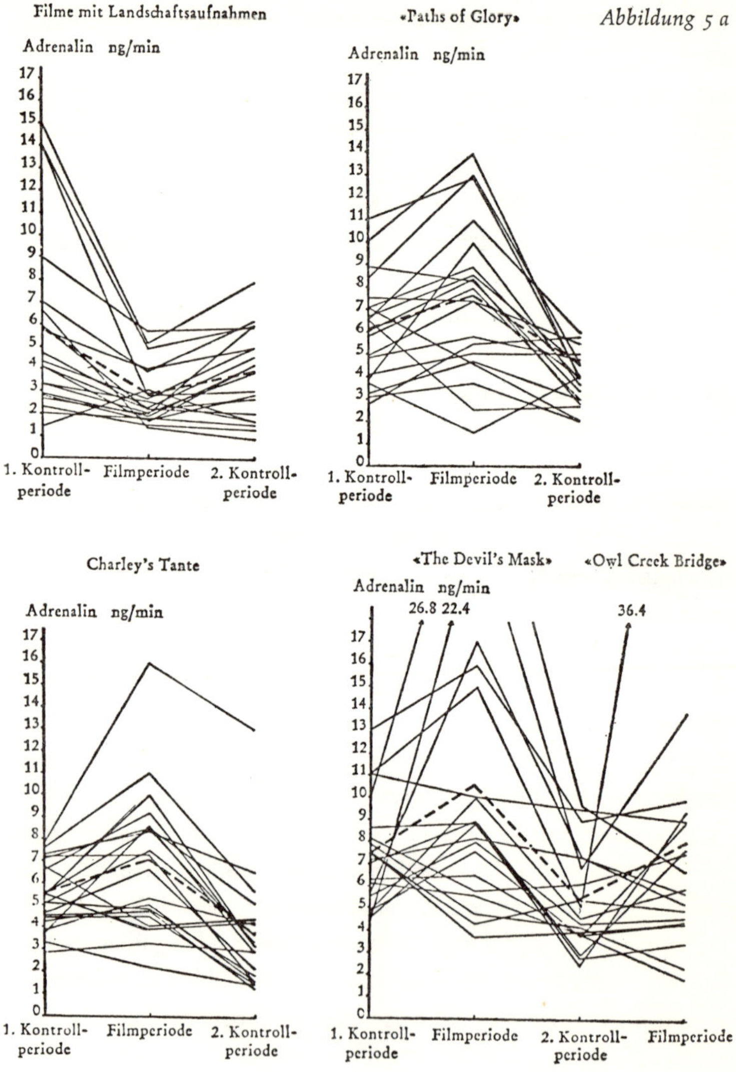

Abbildungen 5 a und b Adrenalin- (Abb. 5 a) und Noradrenalin- (Abb. 5 b) Ausscheidung bei 20 weiblichen Büroangestellten vor, während und nach vier verschiedenen, anderthalbstündigen Filmvorführungen: (1) Landschafts- und Naturaufnahmen; (2) aufregender, die Aggressivität herausfordernder Film

Abbildung 5 b

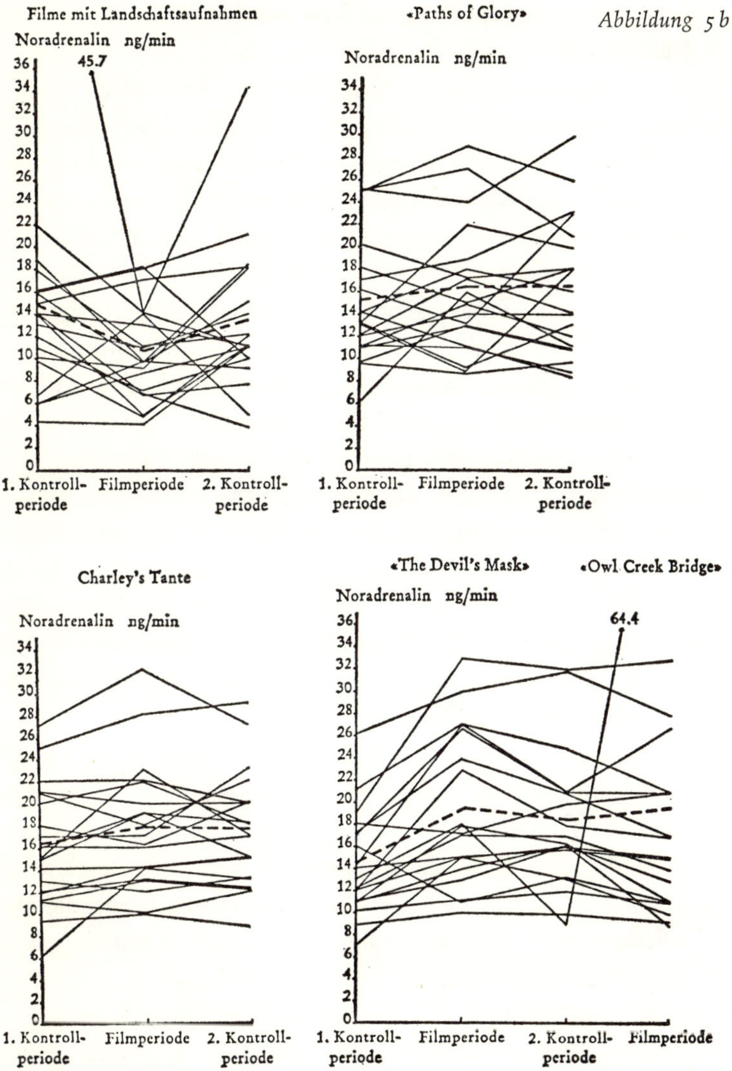

»Paths of Glory«; (3) lustiger Unterhaltungsfilm »Charleys Tante«; (4) Horror- und dramatischer Film, »The Devil's Mask« und »An Occurence at Owl Creek Bridge« (aus Levi, L., *Biochemische Reaktionen bei verschiedenen experimentell hervorgerufenen Gefühlszuständen,* in: P. Kielholz [Hrsg.], Angst. Bern [Huber] 1967, S. 87 und 88)

unterscheiden, was allerdings auch im Mimischen nur selten möglich sein dürfte.

Diese geringe Spezifität der physiologischen Reaktionen auf Erregungssteigerung der verschiedensten Art veranlaßte denn auch *Duffy* (1962) und *Malmo* (1969), vereinfachend nur von einer einzigen Dimension physiologischer Aktivation zu sprechen. Diese Vereinfachung erscheint ohne Zweifel gerechtfertigt, wenn man ausschließlich die Veränderung von Mittelwerten verschiedener Versuchspersonen unter verschiedenen Experimentalbedingungen betrachtet. Sie wird jedoch fragwürdig, nimmt man darüber hinaus zur Kenntnis, daß die verschiedenen physiologischen Reaktionen sowohl untereinander als auch mit Werten aus Fragebogen in der Regel nur minimal korrelieren. So niedrig die Reliabilitäten auch sind, etwas höher müßten die Korrelationen doch sein, damit angenommen werden dürfte, die verschiedenen Indikatoren erfaßten denselben allgemeinen Aktivationsfaktor (vergleiche *Martin*, 1961). Zwei Gründe dürften für diese Diskrepanz zwischen einheitlichen Veränderungen der Mittelwerte unter Streß einerseits und niedrigen Interkorrelationen zwischen den einzelnen Meßwerten andererseits verantwortlich sein:

1. Wie insbesondere *Lacey* (vergleiche 1967) und *Wenger* et al. (1961) aufgewiesen haben, sprechen die verschiedenen physiologischen Funktionen bei verschiedenen Personen höchst unterschiedlich sensibel auf äußere Reize an – wer leicht Herzklopfen hat, muß nicht auch besonders leicht schwitzen –, wobei die spezifische Reagibilität aber intraindividuell über die Zeit hin relativ konstant bleibt. Variieren die interindividuellen Korrelationen in der Regel um Null, so findet man bei intraindividuellen Korrelationen über verschiedene Situationen hinweg nicht selten Durchschnittswerte um $r = .50$ (vergleiche *Lazarus*, 1966). Ein gutteil der psychosomatischen Störungen dürfte auf dieser für bestimmte Personen spezifisch erhöhten Ansprechbarkeit einzelner Funktionen beruhen.

2. Es ist nur in den seltensten Fällen möglich, experimentell zuverlässig zwischen verschiedenen Affekten zu unterscheiden. Was dem einen Angst macht, kann bei einem anderen Ärger, bei einem dritten Schmerz und bei einem vierten vielleicht sogar sexuelle Lust auslösen. Solche Unterschiede in den Reaktionen auf dieselben experimentellen Situationen erhöhen notwendig die Fehlervarianz bei der Ermittlung von Korrelationen über verschiedene Personen hinweg.

Nach welchen objektiven Kriterien sollte man aber überhaupt zwischen den sprachlich so schön geschiedenen Affekten trennen? Wie alle klinischen Explorationen, aber nicht zuletzt auch unsere alltäglichen Erlebnisse immer wieder bekunden, ist die Vielfalt möglicher Verbindungen zwischen verschiedenen Affekten kaum abzuschätzen; man denke nur an die Angstlust etwa beim Bergsteigen, Motorradfahren oder auf Jahrmärkten, jene Angstlust, die zumindest seit *Horace Walpole* (1764) in Schauerromanen kultiviert und von den Kirchen seit Jahrhunderten zur Ehrfurcht sublimiert wurde.

Neuere experimentelle Untersuchungen mit Hirnreizungen und -abtragungen (vergleiche *Ploog*, 1964; *Brady*, 1962) zeigen, daß solche Mischphänomene auch neuroanatomisch sehr plausibel sind. Wie etwa die Arbeiten von *Romaniuk* und *Hunsberger* mit Hirnreizungen im Hypothalamus-Bereich bekunden, liegen die Punkte, an denen Flucht- und Aggressionsverhalten ausgelöst werden können, so dicht beieinander, daß je nach der Reizstärke auch die anderen Reaktionsmuster mit aktiviert werden. Ähnlich nahe liegen übrigens auch solche Stellen, an denen Sexual- und Freßverhalten auszulösen ist oder die in Selbstreizungsversuchen bis zu 8000mal pro Stunde stimuliert werden. All diese fundamentalen Affekte und Reaktionsmuster sind eng benachbart vorwiegend im limbischen System lokalisiert, das nach *McLean* (1958) – der wesentlich den Begriff ›Limbisches System‹ einführte – für die vier fundamentalen F verantwortlich ist: ›feeding, fighting, fleeing and – mating‹. Die niedrigsten Reizschwellen findet man hier vor allem im Nucleus Amygdalae und im Hippocampus. Schwellennahe Reizungen in diesen Bereichen – wie sie wohl auch bei Temporallappen-Epilepsien als neurale Entladungen vorkommen dürften – führen nach den Arbeiten von *Hess, Hunsberger, Kaada, Magoun, Molina, Nakao, Ursin* und anderen vornehmlich zu Angst- und Fluchtreaktionen. Dieselben Reaktionen lassen sich aber darüber hinaus auch noch durch Hirnreizungen in einem breiten Band hervorrufen, das sich über den Hypothalamus bis zum zentralen Höhlengrau des Mittelhirns erstreckt (vergleiche *Kaada*, 1967).

Trägt man umgekehrt, wie *Klüver* und *Bucy* bereits 1937 zeigten, beiderseits große Teile des Temporallappens, der Amygdala, des Uncus und des Hippocampus ab, findet man zumeist neben starken oralen Tendenzen und Hypersexualität einen ausgeprägten Mangel an Angst. *Rosvold, Mirsky* und *Pribram* (1954) konnten auf diese Weise ganze Affenhierarchien durcheinanderbringen. Der aggressive Riva (vergleiche Abbildung 6a und b) wurde nach der Amygdalektomie zum Alpha-Tier, während dieses bis zum Omega-Tier absank. Interessanterweise spielt allerdings auch bei solchen cerebralen Eingriffen die soziale Struktur eine maßgebende Rolle für das Verhalten: Nur bei autoritätsorientierten Mittelstandstieren führt die künstliche Angstsenkung und Aggressionssteigerung durch Hirnreizungen zum sozialen Aufstieg, Unterschichtstiere sinken in der sozialen Hierarchie nicht selten noch weiter ab (vergleiche *Delgado*, 1967).

Wie eng situative, physiologische und kognitive Variable zusammenspielen müssen, um bestimmte Affekte wie etwa jenen der

Abbildungen 6 a und b Einfluß der Amygdalectomie von Riva auf die soziale Hierarchie in einer Gruppe von Rhesus-Affen (aus Rosvold, H. E., Mirsky, A. F., Pribram, K. H., *Influence of amygdalectomy on social behavior in monkeys*, in: Journal of Comparative and Physiological Psychology, 1954, 47)

Abbildung 6 a

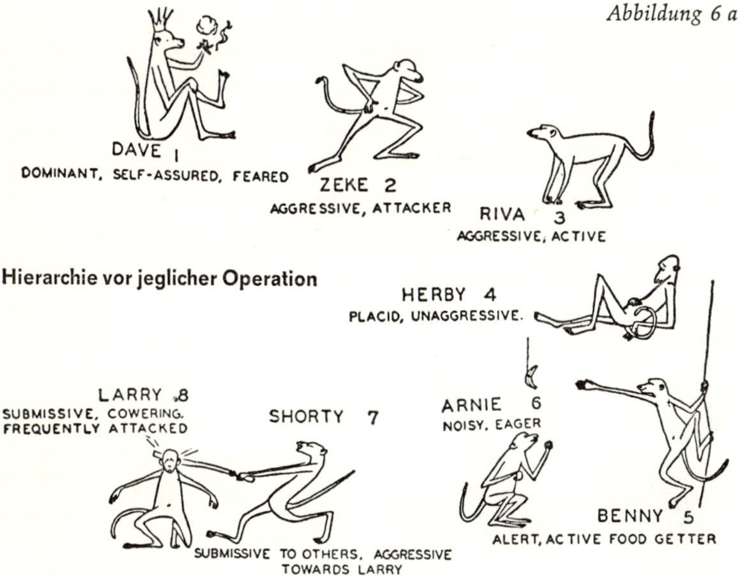

Hierarchie vor jeglicher Operation

Abbildung 6 b

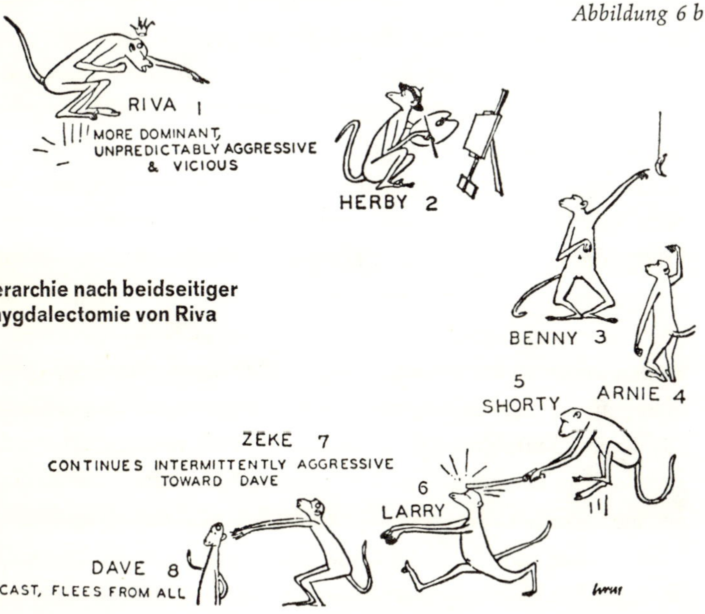

Hierarchie nach beidseitiger Amygdalectomie von Riva

Angst zu erzeugen, demonstrieren wohl am eindruckvollsten einige Experimente von *Schachter* (1966) und Mitarbeitern. Sie schließen an Arbeiten von *Marañon* aus dem Jahre 1924 an, der gefunden hatte, daß Personen nach Injektionen von Adrenalin – eben jenem Nebennierenhormon, das unter Angst in hohem Maße ausgeschüttet wird – keineswegs von besonders lebhaften Emotionen, sondern fast ausschließlich von körperlichen Symptomen berichteten. Aufgrund der Selbstbeobachtung seiner Versuchspersonen spricht *Marañon* hier von ›als-ob‹-Gefühlen. Als Gegenpol zu dieser Arbeit *Marañons* könnte man eine neuere Untersuchung von *Hohmann* (1962 nach *Schachter*, 1966) sehen, der Querschnittsgelähmte mit unterschiedlich hohen Läsionen eingehend explorierte: Je höher die Läsion lag, je weitgehender also die visceralen Ausfälle, um so mehr berichteten die Patienten, sie würden zwar noch so denken und handeln als hätten sie die zugehörigen Gefühle, es fehle ihnen aber die eigentliche affektive Beteiligung. Was den Probanden *Marañons* an kognitiven Begleitprozessen fehlte, fehlte den Patienten *Hohmanns* im Somatischen. *Schachter* und *Singer* (1962) führten nun ein Experiment durch, in dem sie ihre Versuchspersonen nach einer Injektion von Adrenalin oder einem Placebo entweder richtig, falsch oder aber gar nicht über die zu erwartende körperliche Wirkung informierten. Die Hälfte der Probanden einer jeden Versuchsbedingung wurde dann mit einer Hilfskraft zusammengebracht, die vergnügt war und allerhand Blödsinn machte, während die andere Hälfte eine ebenfalls als Versuchsperson deklarierte Hilfskraft vorfand, die sich voller Protest gebärdete, wenn etwa Fragen zu beantworten waren wie »With how many men (other than your father) has your mother had extramarital relationships?« Die Experimentalgruppen unterschieden sich beträchtlich voneinander: Wem keine adäquate Erklärung für die Adrenalin-Wirkung gegeben worden war, zeigte sowohl im Verhalten als auch in der Selbstbeobachtung lebhafte Emotionen, und zwar jeweils gemäß der durch die Hilfskraft manipulierten Situation, während die Kon-

trollgruppen entweder keine Emotionen oder aber nur die zu erwartenden körperlichen Symptome berichteten. Wie auch in anderen Experimenten repliziert werden konnte, bestimmte nicht allein der physiologische Zustand die Art des subjektiven Erlebens, sondern die jeweilige Situation determierte, wie die affektive Erregung kognitiv verarbeitet und damit erlebt wurde.
Angesichts solcher Befunde kann es auch kaum mehr verwundern, wenn sowohl bei psychopharmakologischen (vergleiche *Wittenborn*, 1966) als aber auch bei verhaltenstherapeutischen (vergleiche *Mathews*, 1970) Behandlungen pathologischer Angstzustände immer wieder beträchtliche Dissoziationen der physiologischen, kognitiven und verhaltensmäßigen Veränderungen zu beobachten sind. Synchronizität dürfte hier eher die Ausnahme als die Regel sein.

Es war das Ziel meiner Ausführungen aufzuzeigen, wie sich aus dem differential-psychologischen Bemühen, ähnlich den Intelligenztests auch für die Angstbereitschaft objektive Prüfverfahren zu entwickeln, die bei allen Menschen dieselbe Dimension erfassen und eine Vorhersage des Verhaltens erlauben, die Erkenntnis entwickelt hat, daß es ein solches Kontinuum der allgemeinen Angstbereitschaft, auf dem die verschiedenen Menschen gleichsam sitzen und sitzen bleiben, nicht gibt. Es gibt keine für alle Menschen gültigen Beziehungen zwischen subjektivem Angsterleben, physiologischen Reaktionen und Verhalten. Welche Reaktionen in welchen Situationen auftreten, ob sie als ›Angst‹ klassifiziert werden oder nicht und zu welchen Reaktionen sie ihrerseits wieder führen, ist eine Funktion der früheren Erfahrungen des Individuums. Diese Erkenntnis läuft zwar den klassischen Ambitionen der Differentiellen Psychologie zuwider, sie entspricht aber allen Erfahrungen psychoanalytischer, lerntheoretischer und verhaltenstherapeutischer Arbeit.

Was hier für die Angstbereitschaft aufzuweisen gesucht wurde, gilt meines Erachtens auch für die meisten anderen sogenannten Persönlichkeitseigenschaften (vergleiche auch *Mischel*, 1968). Je mehr man sich von den pathologischen Extremfällen in die Spielbreiten des Normalen begibt, um so mehr gewinnen situative Faktoren und spezifische Reaktionspattern an Bedeutung, um so mehr gehen die differential-psychologischen Fragestellungen in allgemein- und sozial-psychologische über. Ist nicht das psychisch Abnorme und Kranke gerade dadurch gekennzeichnet, daß sich das Verhalten aus der Abhängigkeit von situativen Faktoren weitgehend gelöst hat oder wir zumindest nicht in der Lage sind, solche Abhängigkeiten zu erkennen? Sofern die Differentielle Psychologie auch für psychopathologisch unauffällige Personen Möglichkeiten zu objektiven Vergleichen erarbeiten will, wird sie nicht umhin können, mehr und mehr die situativen Abhängigkeiten zu berücksichtigen, wie es etwa *Mandler* und *Sarason* (1952) versuchten, indem sie eine Skala speziell für die Angst vor Test-Situationen konstruierten. Die differentialpsychologischen Experimente mit Extremgruppen und die faktorenanalytischen Bemühungen, invariante Persönlichkeitszüge aufzudecken, können zwar wertvolle Hinweise geben, hinsichtlich welcher Dimensionen es sich lohnen mag, Extremgruppen voneinander zu unterscheiden; was die Psychologie des Normalen anbelangt, haben sie bestenfalls den Reiz eines guten Chargen-Theaters. Leider ist die Psychologie heute noch weit davon entfernt, die Interaktionen zwischen situativen und organismischen Variablen in interindividuell vergleichbarer Weise zu erfassen, finden sich bislang doch noch nicht einmal Ansätze für eine brauchbare Taxonomie verhaltensrelevanter Situationsparameter. Sollte man sich in diesem von so vielen Wechselwirkungen bestimmten Problemfeld eher darum bemühen, über viele Situationen wenig oder über wenige Situationen viel zu erfahren? Vielleicht ist die Gefahr geringer, am Ende alles über nichts als nichts über alles zu wissen.

AX, A. F., *The physiological differentiation between fear and anger in humans,* in: Psychosom. Med. 1953, 15, 433–442.

BRADY, J. V., *Psychophysiology of emotional behavior,* in: A. J. Bachrach (ed.), Experimental Foundations of Clinical Psychology. New York (Basic Books) 1962, 343–385.

BYRNE, D., *Repression-sensitization as a dimension of personality,* in: B. A. Maher (ed.), Progress Exp. Pers. Res. Vol. I, 1964, 169–220.

BYRNE, D., *An Introduction to Personality,* Englewood Cliffs, N. J. (Prentice Hall) 1966.

CAMPBELL, D., SANDERSON, R. E., LAVERTY, S. G.: *Characteristics of a conditioned response in human subjects during extinction trials following a single traumatic conditioning trial,* in: J. Abnorm. Soc. Psychol. 1964, 68, 627–639.

CATTELL, R. B., SCHEIER, I. H., *The Meaning and Measurement of Neuroticism and Anxiety,* New York (Ronald Press) 1961.

COHEN, R., REY, R.-E., SIXTL, F., *Die Kombination von ›Häufigkeit‹ und ›Intensität‹ im diagnostischen Urteil,* in: Psychol. Forsch. 1969, 33, 1–20.

DELGADO, J. M. R., *Aggression and defense under cerebral radio control,* in: C. D. Clemente and D. B. Lindsley (eds.), Aggression and Defense. UCLA Forum in Medical Sciences Nr. 7. Berkeley (Univ. Calif. Press) 1967, 171–193.

DUFFY, E., *Activation and Behavior,* New York (Wiley) 1962.

EDWARDS, A. L., *The social desirability hypothesis: Theoretical implications for personality measurement,* in: S. Messick and J. Ross (eds.), Measurement in Personality and Cognition. New York (Wiley) 1962, 91–108.

EDWARDS, A. L., *The Measurement of Personality Traits by Scales and Inventories.* London (Holt, Rinehart and Winston) 1970.

ENDLER, N. S., HUNT, J. McV., *Sources of behavioral variance as measured by the S-R inventory of anxiousness,* in: Psychol. Bull. 1966, 65, 336–346.

ENDLER, N. S., HUNT, J. McV., *S-R inventories of hostility and comparisons of the proportions of variance from persons, responses and situations for hostility and anxiousness,* in: J. Pers. Soc. Psychol. 1968, 9, 309–315.

EPSTEIN, E., *Toward a unified theory of anxiety,* in: R. A. Maher (ed.), Progress Exp. Pers. Res. Vol. IV, 1967, 1–89.

ESTES, W. K., and SKINNER, B. F., *Some quantitative properties of anxiety,* in: J. Exp. Psychol. 1941, 29, 390–400.

EYSENCK, H. J., *Conditioning and personality,* in: Brit. J. Psychol. 1962, 53, 299–305.

EYSENCK, H. J., *Extraversion and the acquisition of eyeblink and GSR conditioned responses,* in: Psychol. Bull. 1965, 63, 258–270.

EYSENCK, H. J. (ed.), *Experiments in Motivation,* Oxford (Pergamon) 1964.

FAHRENBERG, J., *Psychophysiologische Persönlichkeitsforschung,* Göttingen (Hogrefe) 1967.

Fenz, W. D., and Epstein, S., *Gradients of physiological arousal of experienced and novice parachutists as a function of an approaching jump*, in: Psychosom. Med. 1967, 29, 33–51.

Funkenstein, D. H., King, S. H., Drolette, M. E., *Mastery of Stress*, Cambridge/Mass. (Harvard) 1957.

Golin, S., Herron, E. W., Lakota, R., Reineck, L., *Factor analytic study of manifest anxiety, extraversion, and repression-sensitization scales*, in: J. Consult. Psychol. 1967, 31, 564–569.

Grinker, R. R., *The psychosomatic aspects of anxiety*, in: Ch. D. Spielberger (ed.), Anxiety and Behavior. New York (Academic Press 1966) 129–142.

Handlon, J. H., Wadeson, R. W., Fishman, J. R., Sachar, E. H., Hamburg, D. A., Mason, J. W., *Psychological factors lowering plasma 17-hydroxycorticosteroid concentration*, in: Psychosom. Med. 1962, 24, 535–541.

Hofstätter, P. R., *Einführung in die Sozialpsychologie*, Stuttgart (Kröner) 1966[4].

Kaada, B., *Brain mechanism related to aggression behavior*, in: C. D. Clemente and D. B. Lindsley (eds.), Aggression and Defense. UCLA Forum in Medical Sciences Nr. 7. Berkeley (Univ. Calif. Press 1967) 171–224.

Kelly, D. H. W., and Walter, C. J. S., *The relationship between clinical diagnosis and anxiety assessed by forearm blood flow and other measurements*, in: Brit. J. Psychiat. 1968, 114, 611–626.

Lacey, J. I., *Somatic response patterning and stress: Some revisions of activation theory*, in: M. H. Appley and R. Trumbuhl (eds.), Psychological Stress. New York (Appleton-Century-Crofts) 1967, 14–42.

Lader, M. H., Gelder, M. G., Marks, I. M., *Palmar conductance measures as predictors of response to desensitization*, in: J. Psychosom. Res. 1967, 11, 283 bis 290.

Lazarus, R. S., *Psychological Stress and the Coping Process*, New York (McGraw Hill) 1966.

Levi, L., *Biochemische Reaktionen bei verschiedenen experimentell hervorgerufenen Gefühlszuständen*, in: P. Kielholz (Hrsg.), Angst. Bern (Huber) 1967, 83–101.

Levi, L., *Neuro-endocrinology of anxiety*, in: M. H. Lader (ed.), Studies of Anxiety. Brit. J. Psychiat. Spec. Publication Nr. 3, 1969, 40–52.

Lovibond, S. H., *Personality and conditioning*, in: B. A. Maher (ed.), Progress Exp. Pers. Res. Vol. I, 1964, 115–168.

McLean, P. D., *The limbic system with respect to self-preservation and the preservation of the species*, in: J. Nerv. Ment. Dis. 1958, 127, 1–11.

McReynolds, P., *The assessment of anxiety: A survey of available techniques*, in: P. McReynolds (ed.), Advances in Psychological Assessment. Palo Alto/Calif. (Science and Behavior Books) 1968, 244–264.

Malmo, R. B., *Activation: A neurophysiological dimension*, in: Psychol. Rev. 1959, 66, 367–386.

MANDLER, G., SARASON, S. B., *A study of anxiety and learning,* in: J. Abnorm. Soc. Psychol. 1952, 47, 166–173.
MARKS, I. M., *Fears and Phobias,* New York (Academic Press) 1969.
MARTIN, B., *The assessment of anxiety by physiological and behavioral measures,* in: Psychol. Bull. 1961, 58, 234–255.
MATHEWS, A. M., *Physiological measures in behavior therapy research,* Vortrag II. Kongreß f. Verhaltenstherapie, München, Juli 1970.
MILLER, N. E., *Studies of fear as an acquirable drive: I. Fear as motivation and fear reduction as reinforcement in the learning of new responses,* in: J. Exp. Psychol. 1948, 38, 89–101.
MISCHEL, W., *Personality and Assessment,* New York (Wiley) 1968.
PALMAI, G., BLACKWELL, B., MAXWELL, A. E., MORGENSTERN, F., *Patterns of salivary flow in depressive illness and during treatment,* in: Brit. J. Psychiat. 1967, 113, 1297–1308.
PAWLIK, K., *Dimensionen des Verhaltens,* Bern (Huber) 1968.
PLOOG, D., *Verhaltensforschung und Psychiatrie,* in: H. W. Gruhle et al. (Hrsg.), Psychiatrie der Gegenwart, Bd. I/1 B. Berlin (Springer) 1964, 291–443.
ROSVOLD, H. E., MIRSKY, A. F., PRIBRAM, K. H., *Influence of amygdalectomy on social behavior in monkeys,* in: J. Comp. Physiol. Psychol. 1954, 47, 173–178.
SCHACHTER, J., *Pain, fear and anger in hypertensives and normotensives: A psychophysiological study,* in: Psychosom. Med. 1957, 19, 17–29.
SCHACHTER, S., *The interaction of cognitive and physiological determinants of emotional state,* in: Ch. D. Spielberger (ed.), Anxiety and Behavior. New York (Academic Press) 1966, 193–224.
SCHACHTER, S., and SINGER, J. E., *Cognitive, social and physiological determinants of emotional state,* in: Psychol. Rev. 1962, 69, 379–399.
SPENCE, K. W., *Anxiety (drive) level and performance in eyelid conditioning,* in: Psychol. Bull. 1964, 61, 129–139.
SPENCE, J. T., and SPENCE, K. W., *The motivational components of manifest anxiety: drive and drive stimuli,* in: Ch. D. Spielberger (ed.), Anxiety and Behavior. New York (Academic Press) 1966, 291–326.
SPIELBERGER, CH. D., *Theory and research on anxiety,* in: Ch. D. Spielberger (ed.), Anxiety and Behavior. New York (Academic Press) 1966, 3–20.
WENGER, M. A., CLEMENS, T. L., COLEMAN, D. R., CULLEN, T. D., ENGEL, B. T., *Autonomic response specificity,* in: Psychosom. Med., 1961, 23, 185–193.
WILDER J., *Stimulus and Response: The Law of Initial Value,* Baltimore (Williams & Wilkens) 1968.
WITTENBORN, J. R., *The Clinical Psychopharmacology of Anxiety,* Springfield/Ill. (Ch. Thomas) 1966.

Professor Dr. Rudolf COHEN, o. Professor im Fachbereich Psychologie der Universität Konstanz, wurde am 13. Juni 1932 in München geboren. Nach seiner Ausbildung zum Volksschullehrer studierte er in den Jahren 1953 bis 1957 an den Universitäten München und Hamburg Psychologie, Soziologie und Psychopathologie. An der Universität Hamburg promovierte er 1961 mit einer empirischen Untersuchung zum Aufforderungscharakter der Rorschach-Tafeln und war anschließend bis 1967 Wissenschaftlicher Assistent am Psychologischen Institut dieser Universität, an der er – in enger Zusammenarbeit mit der II. Medizinischen Universitätsklinik – einen Ausbildungszweig für Klinische Psychologie aufbaute und seine Ausbildung in analytischer Psychotherapie beendete. Im Jahre 1968 habilitierte er sich mit einer experimentellen Arbeit über »Systematische Tendenzen bei Persönlichkeitsbeurteilungen«. Auch in einer Reihe anderer Untersuchungen befaßte Cohen sich mit der Entwicklung und experimentellen Überprüfung statistischer Modelle des diagnostischen Urteilsprozesses. Von 1967–1969 war er Leiter der Arbeitsgruppe für Klinische Psychologie am Max-Planck-Institut für Psychiatrie, München, wo er sich neben testdiagnostischen Fragen der Hirntrauma- und Aphasieforschung insbesondere der Verhaltenstherapie und den psychophysiologischen Methoden zuwandte. Das Psychiatrische Landeskrankenhaus Reichenau, Konstanz, ermöglichte den Aufbau einer besonderen Station, auf der nun diese experimentellen Untersuchungen zur klinischen Psychologie und Verhaltenstherapie in erweitertem Umfang von Medizinern und Psychologen gemeinsam fortgeführt werden.

Der hier wiedergegebene Text ist die überarbeitete Fassung der öffentlichen Antrittsvorlesung, die am 19. Oktober 1970 an der Universität Konstanz gehalten wurde.

KONSTANZER UNIVERSITÄTSREDEN
HERAUSGEGEBEN VON GERHARD HESS

1. Gerhard Hess: Probleme der deutschen Hochschule und die Neugründungen
2. Waldemar Besson: Die großen Mächte
3. Hans Robert Jauß: Literaturgeschichte als Provokation der Literaturwissenschaft (Doppelband)
4. Hans Aebli: Natur und Kultur in der Entwicklung des Menschen
5. Friedrich Kambartel: Was ist und soll Philosophie?
6. Ralf Dahrendorf: Die Soziologie und der Soziologe – Zur Frage von Theorie und Praxis
7. Franz Georg Maier: Archäologie und Geschichte · Ausgrabungen in Alt-Paphos (Zypern)
8. Horst Sund: Evolution und Struktur der Proteine
9. Manfred Fuhrmann: Die Antike und ihre Vermittler · Bemerkungen zur gegenwärtigen Situation der klassischen Philologie
10. Peter Hemmerich: Anorganische Aspekte des Lebens
11. Wolfgang Pfleiderer: Organische Chemie – gestern, heute, morgen
12. Dirk Pette: Zellphysiologie des Stoffwechsels
13. Wolfgang Preisendanz: Über den Witz
14. Herbert Nesselhauf: Der Ursprung des Problems »Staat und Kirche«
15. Jurij Striedter: Dichtung und Geschichte bei Puškin
16. Gerhard Hess: Die Universität Konstanz – Reform als ständige Aufgabe
17. Arno Borst: Geschichte an mittelalterlichen Universitäten
18. Rolf-Richard Grauhan: Modelle politischer Verwaltungsführung
19. Frederic Vester: Planung, Forschung, Kommunikation im Team
20. John Francis Embling: Die neuen britischen Universitäten als Instrumente der Reform

21. Horst Rabe: Autorität – Elemente einer Begriffsgeschichte
22. Wolfgang Brezinka: Über Absicht und Erfolg der Erziehung · Probleme einer Theorie der erzieherischen Wirkung
23. Karl-Heinz Flechsig: Die technologische Wendung in der Didaktik
24. Detlef Kantowsky: Indien – am Vorabend der Revolution?
25. Fritz Scharpf: Demokratietheorie zwischen Utopie und Anpassung (Dreifach-Band)
26. Eberhardt Weiler: Immunitätsforschung und das Dogma der molekularen Biologie
27. Gerhard Neubauer: Kalkül und Figur – Von Descartes zu Hilbert
28. Wolfgang Iser: Die Appellstruktur der Texte · Unbestimmtheit als Wirkungsbedingung literarischer Prosa
29. Ulrich Gaier: Form und Information – Funktionen sprachlicher Klangmittel (Doppelband)
30. Hubert Schleichert: Logik und Denken (Doppelband)
31. Josef Schrenk: Zum Größeninventar einer Theorie des Satzes
32. Wolf-Dieter Stempel: Linguistische Aspekte des Verstehens
33. Peter Hartmann: Aufgaben und Perspektiven der Linguistik (Dreifach-Band)
34. Friedrich Sixtl: Die Gültigkeit von Prädiktoren bei den identifizierbaren Merkmalsträgern
35. Gerold Adam: Die Steuerung des Ionentransportes durch die Zellmembran
36. Hans Batzer: Über die Bedeutung synthetischer Makromoleküle
37. Wolrad Vogell: Struktur und Funktion der Zelle
38. Rudolf Klein: Quantenflüssigkeiten
39. Rudolf Cohen: Zum Begriff der Angst in der Differentiellen Psychologie
40. Kurt Badt: Das Spätwerk Cézannes (Dreifach-Band)
41. Friedrich Kübler: Juristenausbildung im Zielkonflikt (Doppelband)
42. Ernst Florey: Aufgaben und Zukunft der Biologie
43. Peter Läuger: Die Photosynthese der grünen Pflanzen

44. Werner Bos: Zur Axiomatik des Arithmetischen Mittels
45. Heinz Dehnen: Über den Endzustand der Materie
46. Alexander Demandt: Geschichte als politisches Argument im Altertum
47. David Daube: Gewaltloser Frauenwiderstand im Altertum

Die Reihe Konstanzer Universitätsreden wird fortgesetzt